AF356430

VENTE DU SAMEDI 28 MARS 1914
HOTEL DROUOT, SALLE N° 3

A deux heures

TABLEAUX, GRAVURES

MINIATURES, DENTELLES

Monnaies

FAÏENCES ET PORCELAINES

Faïences Patriotiques de Nevers

BRONZES

MEUBLES

Mᵉ ROGER WALTHER	**M. ÉDOUARD PAPE**
COMMISSAIRE-PRISEUR	*Expert près le Tribunal civil*
3, boulevard de Sébastopol	174, rue du Faubourg St-Honoré
PARIS	PARIS

EXPOSITION PUBLIQUE

Le Vendredi 27 Mars 1914, de deux heures à six heures

CONDITIONS DE LA VENTE

Elle sera faite au comptant.

Les adjudicataires paieront *dix pour cent* en sus des enchères.

Paris. — Imp. de l'Art, Ch. Berger, 41, rue de la Victoire.

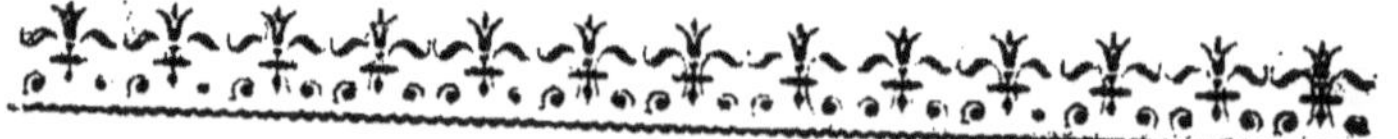

DÉSIGNATION

TABLEAUX
GRAVURES, MINIATURES
DENTELLES, MONNAIES

1 — Deux gravures, d'après VERNET : *Les Occupations du Rivage* et *la Source abondante.*

2 — Deux gravures anglaises : *The Evening. — The Morning.*

3 — Deux gravures : *Portraits de la Peyronie* et *de Quesnay.*

4 — *Étude de roses,* par G. JEANNIN.

5 — *Fleurs.*
> Toile, par CHALLIG.

6 — *Portrait de Femme.*
> Toile, par DEVILLARIO.

7 — *Étude de fleurs.*
> Aquarelle. Signée de *Jeannin.*

8 — Petite gravure satyrique ancienne.

9 — Miniature, cadre cuivre. — Miniature, cadre noir.

10 — Médaillon bronze, représentant la Naissance du roi de Prusse. Signé : *Andrieu.* Cadre ancien. — Médaillon bronze, représentant Napoléon Ier. Signé : *Andrieu.* Cadre ancien.

11 — Glace à main ; monture bronze et émail.

12 — Écharpe noire frangée or. — Écharpe lamée or sur fond rouge.

13 — Deux mètres cinquante centimètres de dentelle ; largeur, dix centimètres.

14 — Trois mètres soixante-quinze centimètres de dentelle ancienne ; largeur, cinquante-cinq centimètres.

15 — Lot de monnaies anciennes.

FAÏENCES ET PORCELAINES

16 — Plat rond, à décor de grotesques, en ancienne faïence d'Urbino.

17 — Compotier en porcelaine de la Compagnie des Indes.

18 — Bouteille, à décor camaïeu bleu, en ancienne faïence de Nevers.

19 — Assiette creuse, décor polychrome dit à la corne. Ancienne faïence de Rouen.

20 — Deux petits compotiers, décor polychrome, en ancienne faïence de Rouen.

21 — Trois plats polygonaux ou de forme ovale en ancienne faïence de Rouen.

22 — Plat à épices, à décor de Chinois en camaïeu bleu. Ancienne faïence allemande.

23 — Quatre plats, à décor de cavaliers, en ancienne faïence de Desvres.

24 — Pichet en ancienne faïence de Delft, décor camaïeu bleu.

25 — Deux cache-pot, à décor de bouquets de fleurs polychromes, en faïence de Marseille.

26 — Deux moutardiers, décor polychrome, en ancienne faïence de Rouen.

27 — Plat octogonal au panier fleuri, décor camaïeu bleu, en ancienne faïence de Rouen.

28 — Pichet, orné de cartouches quadrillés et de guirlandes polychromes, en ancienne faïence de Rouen.

29 — Trois saladiers et un plat à barbe. Faïences diverses.

30 — Cuvette en faïence de Nevers, présentant l'Exécution de Louis XVI, avec inscriptions.

31 — Grand vase de jardin, forme baquet, décor camaïeu bleu, en ancienne faïence de Rouen.

32 — Soupière, à décor de grosses roses, en ancienne faïence des Islettes.

33 — Cuvette, à la double corne, en ancienne faïence de Rouen.

34 — Deux pichets, décor de cannelures et motifs polychromes. Ancienne faïence de Rouen.

35 — Paire de cache-pot, décor camaïeu bleu d'armoiries et motifs de ferronnerie, en faïence de Rouen.

33 — Cuvette, présentant un panier fleuri polychrome en ancienne faïence de Rouen.

37 — Bouteille piriforme, décor camaïeu bleu, en ancienne faïence allemende.

38 — Pichet, décor bleu, en ancienne faïence de Saint-Cloud.

39 — Cuvette en ancienne faïence de Rouen, offrant une corne fleurie, des papillons et des oiseaux polychromes.

40 — Soupière en vieux Rouen, décorée d'une corne fleurie, de branchages et d'oiseaux polychromes.

41 — Plat rond, décoré de rosaces et ornements de ferronnerie en ancienne faïence de Rouen.

42 — Pichet, à inscription, en ancienne faïence du nord de la France.

43 — Cache-pot, décor polychrome, en ancienne faïence de Rouen.

44 — Huit assiettes, décorées d'emblèmes et d'attributs divers, en ancienne faïence de Nevers.

45 — Pichet en ancienne faïence de Rouen, portant l'effigie d'un saint. Au revers, l'inscription : *Jacques Thourant, 1706.*

46 — Plat et deux assiettes, avec devises et inscriptions patriotiques, de fabriques diverses.

47 — Cinq assiettes en ancienne faïence de Nevers,
à emblèmes patriotiques sans inscriptions.

48 — Assiette en ancienne faïence de Nevers, présentant un enfant assis sur des canons avec
l'inscription : *W la Nation*.

49 — Assiette, présentant un trophée couronné d'un
bonnet phrygien avec l'inscription : *W la Nation
1794*. Ancienne faïence de Nevers.

50 — Assiette en ancienne faïence de Nevers, présentant une gerbe de blé où disparaissent une
croix et une épée, avec l'inscription : *Tres in uno*.
Au-dessus de la gerbe : *Vis unita fortior 1789*.

51 — Trois assiettes à trophées, avec l'inscription :
W la Montagne. Ancienne faïence de Nevers.

52 — Quatre assiettes, présentant les emblèmes de
trois ordres avec l'inscription : *Tres in uno
1790*.

53 — Deux assiettes, offrant une cage au-dessus
des emblèmes des Trois Ordres, avec l'inscription : *W la liberté 1791*.

54 — Assiette en ancienne faïence de Nevers, présentant un drapeau sur les murs de la Bastille, avec l'inscription : *Vivre libre ou mourir.*

55 — Assiette en ancienne faïence de Nevers, offrant des attributs guerriers, avec l'inscription : *W la Nation, la loi et le roy.*

56 — Assiette en ancienne faïence de Nevers, présentant la croix et l'épée, avec l'inscription : *Je suis las de les porter.*

57 — Assiette en ancienne faïence de Nevers, présentant, dans un cartouche, au-dessous de trois cœurs, l'inscription : *Le tiers nuit.*

58 — Deux plats ronds, avec inscriptions en faïence, de la suite de Nevers.

59 — Assiette en ancienne faïence de Nevers, présentant les emblèmes de l'amour et l'inscription : *Ils sont unis.*

60 — Assiette en ancienne faïence de Nevers, présentant un cartouche avec l'inscription : *Droits de l'homme.*

61 — Assiette en ancienne faïence de Nevers, présentant au centre un trophée et une colonne brisée surmontée d'un drapeau avec l'inscription : *W la loi.*

62 — Assiette en ancienne faïence de Nevers, présentant un coq sur un canon, avec l'inscription : *Je veille pour la Nation*. L'une d'elles surdécorée.

63 — Assiette en ancienne faïence de Nevert, présentant un génie ailé volant au-dessus d'une forteresse. Sur la flamme de sa trompette, on lit : *La Paix*.

64 — Assiette en ancienne faïence de Nevers, présentant une Renommée portant sur un écusson l'inscription : *Si les choses ne changent de face, nous serons bientôt à la besace.*

65 — Assiette en faïence de la suite de la fabrication de Nevers, avec l'inscription : *Le Patriote satisfait.*

66 — Assiette en ancienne faïence de Nevers, présentant un trophée couronné d'un bonnet phrygien, avec l'inscription : *W la Nation 1794.*

67 — Tonnelet de la suite de la fabrication de Nevers, portant en double inscription : *Le Citoyen Antoine.*

68 — Plat, décor polychrome bleu, rouge et or. Ancienne porcelaine du Japon.

69 — Écuelle à bouillon et son plateau, à décor de rubans et guirlandes de fleurs en ancienne porcelaine de Sèvres surdécorée.

70 — Paire de petites bouteilles, décor camaïeu bleu, en ancienne porcelaine de Chine.

71 — Tasse cylindrique et sa soucoupe, or sur fond bleu. *Sèvres 1825.*

72 — Coupe en ancienne porcelaine de Chine, montée bronze.

73 — Paire de potiches couvertes en ancienne porcelaine du Japon, bleue, rouge et or.

BRONZES

74 — Pendule, flambeaux et deux coupes en bronze patiné et marbre. Début du XIXe siècle.

75 — Pendule et deux candélabres à cinq lumières en bronze doré, avec plaques d'émail bleu.

76 — Petite pendule en bronze doré.

MEUBLES

77 — Boîte à jeu acajou laque rouge de Chine, renfermant des petites boîtes pour jeux de cartes.

78 — Chevalet en acajou.

79 — Petit écran de poupée, ancien.

80 — Petit bureau-chiffonnier de poupée, ancien.

81 — Buffet en bois sculpté, à décor de fleurs et attributs en relief. Époque Louis XV.

82 — Armoire en bois sculpté. XVIIᵉ siècle.

83 — Table-bureau en bois noir. Poignées, chutes, entrées sabots, en cuivre ciselé. Époque Louis XV.

84 — Console en acajou à colonnes. Époque Empire.

85 — Commode en acajou, à trois rangs de tiroirs. Époque Empire.

86 — Fauteuil en acajou, à décor de sphinx. Sabots en forme de griffes de lion. Époque Empire.

87 — Commode en bois de violette, à deux rangs de tiroirs. Chutes et poignées en bronze doré. Époque Régence.

88 — Petite vitrine, bois et glaces.

89 — Ameublement de salon, composé d'un canapé, quatre fauteuils et six chaises en acajou sculpté, recouverts de soie jaune. Époque Empire.

90 — Deux petites chaises d'enfant en bois sculpté peint en gris, recouvertes de lampas rouge et de tapisserie.

91 — Sept portières, Karamanie.

92 — Objets omis.

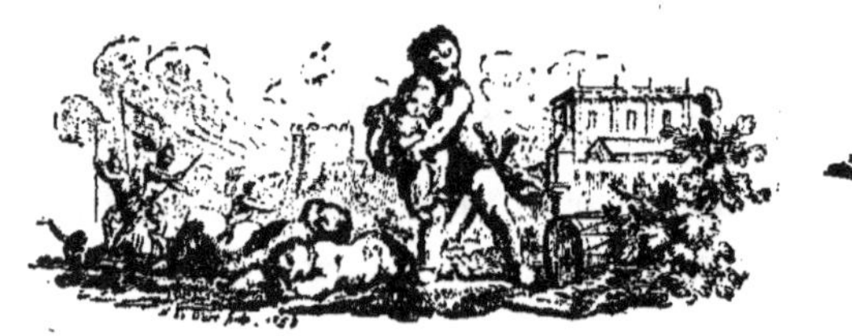

9 782329 536293